笠原将弘の
やみつき
極上なべ

主婦の友社

はじめに

なべでもやろうか！
今度、うちで〝なべパーティー〟やらない？

冬になると、こんな会話をあちこちで耳にする。
「なべでもやろう！」は、冬のあいさつがわり。
日本料理の中で唯一、異性を誘う口実にもなる料理が「なべ」だ。

一つのなべをつつく。
なべをいっしょに食べると、急に親しくなった気がする。
お互いの距離がぐんと縮まったような気になる。
これが、なべのいいところ。
だからだろうか。円満な家庭では、なべ料理が多いという話を聞いたことがある。
僕もこの意見に賛成だ。
だって、けんかしている人とは同じなべをつつきたくないし、
一つのなべを囲みながらだと話がはずむから。

ということは、なべってかなり幸せな食べ物なのかもしれない。
毎日食べたら、もっと笑顔がふえるかな。
そう考えて、僕はこの本で、毎日でも食べたくなる、いろいろなタイプの
なべ料理を紹介した。

きょうもどこかでなべを囲んでいる人がいる。
おいしいなべで幸せになっている人がいる。
だれかがなべを食べているシーンを思い浮かべると、
それだけで僕自身、幸せな気分になれるんだ。

笠原将弘

目次

本書のマークについて

すぐできる
下ごしらえが短時間でできるなべ

ひとりなべ
ひとりでも気軽にできるなべ

みんなでワイワイ
おおぜいで食べたいなべ

ごはんに合わせて
白いごはんに合うなべ

ごちそう
おもてなしにもなるなべ

この本の使い方

- 「〆はこれ」は、なべの最後におすすめの食べ方です。
- 小さじ1=5mℓ、大さじ1=15mℓ、1カップ=200mℓです。
- 1mℓ=1ccです。
- 米は炊飯器に付属のカップで1カップ（1合）=180mℓです。
- 火かげんは特に指示のない限り、中火で調理しています。
- 「だし」は和風だしのことです。こぶや削り節は好みのもので。
- レシピ上、野菜の「洗う」「皮をむく」などの作業は省略してあります。特に指示のない限り、それらの作業をしてから調理を始めてください。
- 油や熱湯の扱いには注意しましょう。

この本で使ったなべ

なべ＝土なべでなくてもかまわない。お好みのなべで自由に楽しんで！

ふたなし土なべ

平土なべ

鋳物ほうろうなべ

銅なべ

陶器のなべ

洋風の両手土なべ

スタンダードな土なべ

すき焼き用なべ

深めの片手フライパン

第1章
四大なべのもと

なべの基本の4つの味を、いろいろな具材に合う万能味にしてご紹介。
味のベースが作れたら、なべ料理はもう成功したといっていい。
具材のうまみが合わさり、あとはどんどんおいしくなるばかりだ。

＼ これさえ作れば、あとはお好みの具材を用意するだけ！ ／

笠原流　四大なべベース

具材からうまみが出ることを計算し、だしをとらずにこぶを入れて煮るだけのベースを4タイプ考えた。これなら、スープの味が強すぎることがなく、具材の味も受け止めてくれる。こぶは具材を入れたあと、食べるときにとり除こう。

和なべの定番、薄めのしょうゆ味

しょうゆだしベース

材料（作りやすい分量）

水…1ℓ
薄口しょうゆ、みりん…各40mℓ
こぶ（だし用）…3g

作り方

なべに材料すべてを入れて火にかけ、煮立ったら火を止める。

ほんのりとした甘みのある、人気の塩味

塩だしベース

材料（作りやすい分量）

水…1・2ℓ
あら塩…大さじ1
酒…60mℓ
みりん…40mℓ
こぶ（だし用）…3g

作り方

なべに材料すべてを入れて火にかけ、煮立ったら火を止める。

2種類のみそで味に深み！

みそだしベース

材料（作りやすい分量）

水…1ℓ
信州みそ…大さじ3
白みそ…大さじ2
しょうゆ、みりん、砂糖…各大さじ1
こぶ（だし用）…3g

作り方

なべに材料すべてを入れて火にかけ、煮立ったら火を止める。

すき焼き用のこってり甘辛味

わりしたベース

材料（作りやすい分量）

水…½カップ
みりん……1カップ
酒、しょうゆ…各½カップ
こぶ（だし用）……3g

作り方

なべに材料すべてを入れて火にかけ、煮立ったら火を止める。

しょうゆだしベースのなべ

しょうゆだしベース1

王道！寄せなべ

肉と魚介、それに野菜。たくさんの具材を入れるなべだからこそ、具材の下ごしらえはていねいにするのがポイント。このなべのいちばんの楽しみは、具材のうまみが合わさったスープ！

みんなで
ワイワイ

(作り方はp.12)

王道！ 寄せなべ（p.10）の作り方

材料（2〜3人分）

鶏もも骨つき肉…200g
たい（切り身）…200g
えび…6尾
ほたて貝柱（生食用）…4個
白菜…1/8個
水菜…1/3束
えのきだけ…1パック
ねぎ…1本
木綿どうふ…1丁（300g）
しょうゆだしベース（p.8）…適量

自家製ポン酢しょうゆ

水、しょうゆ、酢…各90mℓ
みりん…30mℓ
砂糖…小さじ1
ゆずのしぼり汁…1個分

こぶ（だし用）…3g
もみじおろし…適量

※もみじおろし…大根に穴をあけて赤とうがらしをさし込み、すりおろす。大根おろしに一味とうがらしをまぜて作っても。

下ごしらえ

1 鶏肉、たいはそれぞれ一口大に切って霜降りにし（p.90・92）、水けをふく。

魚介と肉を霜降りにする場合は、魚介→肉の順に入れる。同じ湯、冷水でOK。

2 えびは殻をとらずに、背に包丁を入れて背わたをとる（p.90）。ほたてはさっと水洗いして水けをふき、一口大に切る。

3 白菜はざく切りにし、水菜は4cm長さに切る。えのきは根元を落としてほぐす。ねぎは斜め薄切りにする。とうふは8等分に切る。

煮方・食べ方

1 なべにしょうゆだしベースを入れて火にかけ、煮立ったら具材を入れて煮る。煮えたものから、ポン酢しょうゆやもみじおろしで食べる。

〆はこれ

卵雑炊

ごはんをさらっと軽く煮て、卵を回し入れて雑炊にしよう。万能ねぎの小口切りを振り、ちょっとだけポン酢しょうゆをかけて食べるのが、僕の好きな食べ方。

笠原MEMO

しょうゆだしベースに合う素材

基本的にはどんな素材にも合うのがしょうゆだしベース。肉類はもちろん、魚介類も――刺し身をしょうゆにつけて食べることを考えると――合わない味というのが見つからない。特に、脂ののった肉は絶対にしょうゆ味！

魚のなべ

鴨肉に合う！

海鮮全般にも

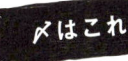

しょうゆだしベース2

海鮮しゃぶしゃぶ

黄金色の絶品スープで、刺し身をしゃぶしゃぶするぜいたくななべ。魚介は、色が変わった瞬間が食べごろ。火を通しすぎないようにするのが、最大のポイント。

すぐできる
ごちそう
ごはんに合わせて

材料（2～3人分）

たい（生食用）…100g
サーモン（生食用）…100g
いか（生食用）…100g
甘えび（生食用）…10尾
わかめ（塩蔵）…60g
ねぎ…1本
ミニトマト…10個
しょうゆだしベース（p.8）…適量
自家製ポン酢しょうゆ（p.12）…適量

塩わさびごま油
ごま油…大さじ3
塩…小さじ1
ねりわさび…小さじ1/2

もみじおろし…適量

※もみじおろし…大根に穴をあけて赤とうがらしをさし込み、すりおろす。大根おろしに一味とうがらしをまぜて作っても。

下ごしらえ

1 魚介はそれぞれそぎ切りにし、器に並べる。

2 わかめは塩を洗い流し、水に少しつけてからざるに上げ、水けをしぼってざく切りにする。ねぎは斜め薄切りにし、ミニトマトはへたをとる。

3 塩わさびごま油の材料はまぜ合わせる。

煮方・食べ方

1 なべにしょうゆだしベースを入れて火にかけ、煮立ったら具材を好みのかげんにしゃぶしゃぶし、ポン酢しょうゆや塩わさびごま油、もみじおろしで食べる。

ほんの少し火が通った魚介は、生とまた違うおいしさ！　ねぎやほかの野菜を包んでも○。

〆はこれ

たい茶風スープごはん

たれをからめた刺し身をごはんにのせ、アツアツのスープをかけて食べると、たい茶風のおいしさ！　僕はこれをやりたいがために、刺し身を少し残しておくことにしている。

しょうゆだしベース3

鴨とクレソン、ごぼうのなべ

脂のたっぷりのった鴨肉は、皮目をしっかり焼きつけて余分な脂を除いたら、煮すぎないのがコツ。野菜は、土の香りのするごぼう、苦みのあるクレソン。どちらも準備したい。

ごちそう

材料（2〜3人分）

合鴨胸肉…1枚
ねぎ…2本
ごぼう…100g
クレソン…2束
塩…少々
しょうゆだしベース（p.8）…適量
粉ざんしょう、あらびき黒こしょう…各少々

下ごしらえ

1 鴨肉は余分な脂をとり除き、肉の側の膜はそぎ落とす。両面に軽く塩を振り、フライパンに皮目を下にして入れ（油は引かない）、こんがりとするまで焼く。途中出てきた脂をキッチンペーパーでふく。肉の面はさっと色が変わるくらいに焼く（p.93）。そぎ切りにし、器に並べる。

2 ねぎは斜め薄切りにし、ごぼうは皮をこそげてささがきにする。クレソンはざく切りにする。

煮方・食べ方

1 なべにしょうゆだしベースを入れて火にかけ、煮立ったら具材を入れてさっと煮る。粉ざんしょう、黒こしょうを振って食べる。

〆はこれ

鴨南蛮風そば

「鴨肉のうまみが十分しみ出たスープには、日本そばがよく合う」とは、僕の修業先・吉兆のご主人の弁。クレソンをあえて少し残しておいて、ざくざくと刻んで仕上げに散らすと、さらにウマイ。

しょうゆだしベース4

ぶり大根みぞれなべ

ぶりと大根の相性のよさは、定番煮物が証明するとおり。シャキシャキ感を楽しむ薄切り、さっぱり感を加えるすりおろし。大根を二通りに準備することで、具材は少なくても奥深い味が完成する。

ひとりなべ

すぐできる

材料（2〜3人分）

ぶり…4切れ
大根…500g
しいたけ…6個
春菊…1束
しょうゆだしベース（p.8）…適量
ゆずこしょう（好みで）…少々

下ごしらえ

1 ぶりは一口大に切って霜降りにし（p.90）、水けをふく。

2 大根は⅔量をピーラーでリボン状に薄くむき、残りの⅓量はすりおろす。しいたけは軸を落とし、手で半分にちぎる。春菊は葉をつむ（茎はみそ汁などに使う）。

煮方・食べ方

1 なべにしょうゆだしベースを入れて火にかけ、煮立ったら具材を入れる。再び煮立ったら、大根おろしを汁けをきってのせ、好みでゆずこしょうをつけて食べる。

〆はこれ

さっぱりみぞれうどん

シンプルうどんがおすすめ。なかでも僕の好みは、少し細めの稲庭うどん。ゆずこしょうで上品に食べてもいいし、七味とうがらしを振ってもおいしい。

塩だしベースのなべ

塩だしベース1

鶏ほたてのつみれなべ

ほたてと鶏肉をダブルで使ったつみれは、口の中でほろりとくずれるくらいにやわらかく作るのがおすすめ。ほんのり甘みを感じる塩味スープに、ほたてのうまみがよく合う。

みんなでワイワイ

（作り方はp.22）

鶏ほたてのつみれなべ（p.20）の作り方

材料（2～3人分）

鶏ほたてのつみれ
- 鶏ひき肉…150g
- ほたて貝柱（生食用）…150g
- A 塩…小さじ⅓
  みりん…大さじ1
- かたくり粉…大さじ1

白菜…⅛個
ねぎ…1本
しめじ…1パック
三つ葉…½束
木綿どうふ…1丁（300g）
塩だしベース（p.8）…適量

下ごしらえ

1 ほたてはこまかく刻み、包丁でたたいてペースト状にし、ひき肉、Aを加えてねりまぜ、つみれを作る（p.23）。

2 白菜はざく切り、ねぎは斜め薄切りにし、しめじは石づきを落としてほぐす。三つ葉は3㎝長さに切る。とうふは8等分に切る。

煮方・食べ方

1 なべに塩だしベースを入れ、火にかける。煮立ったら鶏ほたてのつみれをスプーンで丸めて落とす。

2 つみれに火が通ったら、ほかの具材を入れ、煮えたものから食べる。

鶏ほたてのつみれの作り方

1

ほたてをこまかく刻み、包丁でトントンとたたいてペースト状にする。

2

ひき肉と調味料、かたくり粉を加え、粘りが出るまでねりまぜる。

3

つみれのたねを握り、親指と人さし指の間から丸くしぼり出し、スプーンでとる。

〆はこれ

白湯《パイタン》にゅうめん

ほたてと鶏肉から出た上品なだしには、僕ならさっとゆでたそうめんを加えてにゅうめんにする。軽く食べられるから、たとえ満腹でもするする〜っと入ってしまうこと請け合い。

笠原MEMO

塩だしベースに合う素材

かに、はまぐり、ほたて……。繊細な味の魚介類は、濃い味つけにしてしまうとうまみが消されてしまい、じつにもったいない。その点、塩だしベースなら、素材本来のうまみやエキスを生かした味に仕上げることができる。

かに

えび

ほたて

はまぐり

塩だしベース2

かにとかぶのとろみなべ

かにのうまみもさることながら、このなべの陰の立て役者はかぶ。半量をすりおろすことで、なべ全体にさっぱり感を加えてくれるんだ。なめこと水どきかたくり粉で軽めにとろみをつけてやさしい味に。

みんなでワイワイ

ごちそう

材料（2〜3人分）

ずわいがに（生または冷凍）
…1ぱい
かぶ…4個
ねぎ…1本
なめこ…2袋
塩だしベース（p.8）…適量
水どきかたくり粉…適量

※水どきかたくり粉…かたくり粉を同量の水でといたもの。

下ごしらえ

1 かにはガニを除き、食べやすく切る（p.91）。

2 かぶ2個はくし形切りにし、残りはすりおろして汁けをきる。ねぎは斜め薄切りにする。なめこは熱湯をかけてぬめりをとる。

煮方・食べ方

1 なべに塩だしベースを入れて火にかけ、くし形切りのかぶを入れて煮る。

2 かぶがやわらかくなったら、水どきかたくり粉で軽くとろみをつけ、すりおろしたかぶを加える。

3 残りの具材を加え、火の通ったものから食べる。

〆はこれ

かに雑炊

かにのなべを作ったときは、迷わず、かに雑炊を作ろう。ほぐした身を少し加えると、より味わい深い。卵でとじてもおいしいけれど、ここはあえてとじずに、さっぱりと！

塩だしベース3

えびワンタンなべ

つるっとした舌ざわりと、プリッとした歯ごたえ。塩味ベースの和風スープが、ワンタンの味をきわ立てる。具材はあれこれ入れず、シンプルにする。これが決め手！

みんなで
ワイワイ

材料（2〜3人分）

えびワンタン
- ワンタンの皮…20枚
- えび…10尾
- ねぎ…1/3本
- A
  - 卵黄…1個分
  - 塩…ひとつまみ
  - こしょう…少々
  - かたくり粉…小さじ1

- えのきだけ…1袋
- 小松菜…1/3束
- 木綿どうふ…1丁（300g）
- 塩だしベース（p.8）…適量
- しょうゆ（好みで）…適量

下ごしらえ

1 えびは背わたを除いて（p.90）、殻をとり、包丁でたたいてペースト状にする。ねぎはみじん切りにする。

2 ボウルに1、Aを入れてねりまぜ、20等分してワンタンの皮にのせる。縁に水をつけて三角に折り、えびワンタンを作る。

3 えのきは根元を落としてほぐし、小松菜はざく切りにする。とうふは8等分に切る。

煮方・食べ方

1 なべに塩だしベースを入れて火にかけ、煮立ったらワンタンを入れて煮る。火が通ったらほかの具材も加え、さっと煮る。好みでしょうゆにつけて食べる。

〆はこれ

えびワンタンめん

ワンタンときたら、ラーメンでしょう!!　ワンタンめんにするために、人数分のワンタンを残しておこう…といっても、それはなかなかむずかしいのだけど。

塩だしベース4

はまぐりの沢煮なべ

せん切り野菜をたっぷり使い、豚バラ肉と合わせる沢煮椀《わん》。このお椀をヒントに、はまぐりを加えてさらに上品な味にしてみた。香りと食感が抜群のごぼうは、このなべのマスト素材。

ごはんに合わせて

ひとりなべ

材料（2〜3人分）

はまぐり…15個
豚バラ薄切り肉…50g
しいたけ…2個
水菜…1/3束
ごぼう…50g
にんじん…50g
大根…100g
塩…少々
塩だしベース（p.8）…適量
あらびき黒こしょう…適量

下ごしらえ

1 はまぐりは塩水に2〜3時間つけて砂出しし、殻と殻をこすり合わせて洗う。

2 豚肉は細切りにする。

3 しいたけは軸を落として薄切りにし、水菜は5cm長さに切り、ごぼうは皮をこそげてささがきにする。にんじん、大根は5cm長さでマッチ棒の太さに切る。

煮方・食べ方

1 なべに塩だしベースとはまぐりを入れて火にかけ、煮立ったら弱火にしてほかの具材を入れ、さっと煮る。

2 アクを除き、黒こしょうを振る。

〆はこれ

はまぐり汁めし

温かいごはんを用意し、スープをたっぷりかけた、汁かけごはん。ドハマりすることまちがいなしのおすすめ〆ごはんだ。さらさら〜っとかっこもう。

みそだしベースのなべ

みそだしベース1

石狩なべ

鮭とじゃがいもと玉ねぎ。北海道のおいしさを詰め込んだ、なべ。
もやしのシャキシャキ感と、万能ねぎがアクセント！
バターのコクをプラスし、黒こしょうを強めに振るとなおウマイ。

みんなでワイワイ

ごはんに合わせて

（作り方はp.32）

石狩なべ（p.30）の作り方

材料（2〜3人分）

生鮭…3切れ
じゃがいも（メークイン）…3個
玉ねぎ…1個
万能ねぎ…10本
もやし…1袋（200g）
みそだしベース（p.9）…適量
バター…15g
あらびき黒こしょう…少々

下ごしらえ

1 鮭は一口大に切り、霜降り（p.90）にし、水けをふく。

2 じゃがいもは大きめの乱切りにし、玉ねぎはくし形に切り、万能ねぎは5cm長さに切る。

煮方・食べ方

1 なべにみそだしベースを入れ、じゃがいも、玉ねぎを加えて煮る。

2 じゃがいもがやわらかくなったら、残りの具材を入れてさっと煮て、バターを加え、黒こしょうを振る。

笠原MEMO

みそだしベースに合う素材

みそ味は、こっくりとしたコクが魅力だ。だから、鮭のほか、風味が濃く脂ののっているさば、いわしなどの青魚や、うまみの濃いカキなど、ちょっと個性的な素材が合うようだ。組み合わせに悩んだら、定番のみそ味おかずを思い出してみるといい。

〆はこれ

みそバターラーメン

みそとバターとくれば、やはりラーメンにしたくなる。残ったスープに中華蒸しめんを加えて、好みのかげんに煮ればOK。子どもにも大ウケすることまちがいなし。

みそだしベース2

カキとキャベツ、にらのなべ

すぐできる
ひとりなべ
ごはんに合わせて

「カキの土手なべ」のマイルド版といったところ。カキはかたくり粉をまぶしてさっとゆでると、うまみが閉じ込められ、プルッと口当たりもいい。

材料（2〜3人分）
カキ（むき身）…15個
キャベツ…1/4個
にら…1束
しめじ…1パック
木綿どうふ…1丁（300g）
かたくり粉…適量
みそだしベース（p.9）…適量
一味とうがらし…少々

下ごしらえ

1 カキは洗い、かたくり粉をまぶし、熱湯でさっとゆでて冷水にとり、水けをふく（p.90）。

2 キャベツはざく切りに、にらは5cm長さに切る。しめじは石づきを落としてほぐす。とうふは8等分に切る。

煮方・食べ方

1 なべにみそだしベースを入れて火にかけ、煮立ったらキャベツとしめじを入れる。

2 再び煮立ったら、カキ、にら、とうふを加え、さっと煮て、一味を振る。

口当たりをなめらかにしたいときには、カキにかたくり粉をまぶしてからゆでる。

冷水にとる。これで、表面がつるん！ うまみも閉じ込められる。

〆はこれ

カキみそおじや

残ったスープにごはんを入れ、汁けが少なくなるまで煮込み、みそおじやにして食べよう。カキのエキスが出たみそ味スープを、余すことなくごはんに含ませるのがコツ。

みそだしベース3

いわしのつみれと豚バラなべ

うまみの詰まったいわしのつみれと、脂たっぷりの豚バラ肉。個性の強い2素材をまとめるのは、コクのあるみそ味だ。香りの強い野菜を組み合わせるのがベスト。

みんなでワイワイ

ごはんに合わせて

材料（2〜3人分）

いわしのつみれ

いわし（手開きにしたもの。p.91）…（正味）300g
ねぎ…1/3本
しょうが…5g
青じそ…3枚
A 卵…1個
　みそ…大さじ1
　かたくり粉…大さじ1
　砂糖…小さじ1

豚バラ薄切り肉…100g
ごぼう…80g
えのきだけ…1袋
春菊…1/2束
みそだしベース（p.9）…適量
粉ざんしょう…少々

下ごしらえ

1 ねぎ、しょうが、青じそはみじん切りにする。

2 いわしは包丁でたたいてペースト状にし、1、Aを加えてまぜる。

3 ごぼうは皮をこそげてささがきにし、えのきは根元を落としてほぐす。春菊は葉をつむ（茎はみそ汁などに入れる）。豚肉は食べやすく切る。

煮方・食べ方

1 なべにみそだしベースを入れて火にかけ、煮立ったらp.23の「鶏ほたてのつみれ」と同様にして、いわしをスプーンで丸めて落とす。

2 残りの具材を加えて煮て、粉ざんしょうを振る。

〆はこれ

みそ煮込みうどん

ゆでたうどんを加えて煮込み、「みそ煮込みうどん風」にすると美味。乾めんならちょっとかためにゆでて加えてもいいし、ぐずぐずになるくらいやわらかく煮ても、それぞれおいしい。

みそだしベース4

豚角煮と揚げなすのなべ

豚の角煮のように、ゴロゴロと大きい肉をなべで食べたい！そんな願望を形にしたのが、これ。じっくり下ゆでした豚肉は、余分な脂が落ちて、口の中でほろりとほどけるほどやわらかい。

ごはんに合わせて

みんなでワイワイ

材料（2〜3人分）

豚バラかたまり肉…400g
なす…3個
白菜…1/8個
しいたけ…3個
ねぎ…1本
油揚げ…2枚
みそだしベース（p.9）…適量
揚げ油…適量
ねりがらし（好みで）…適量

下ごしらえ

1 豚肉は3cm角に切る。水から入れ、アクをとりながら1時間ゆでる。流水で洗って余分な脂を落とし（p.92）、水けをよくふく。

2 なすは乱切りにし、170度の揚げ油で素揚げにする。

3 白菜はざく切り、しいたけは軸を落として4等分に切り、ねぎは斜め薄切りにする。油揚げは1cm幅に切る。

煮方・食べ方

1 なべにみそだしベース、豚肉を入れ、弱火で30分煮る。

2 肉がやわらかくなったら、残りの具材を加えて煮て、好みでからしをつけて食べる。

〆はこれ

角煮となすの卵とじ丼

具がある程度残っていたら、卵でとじ、温かいごはんにのっけよう。〆のごはんはもちろん、次の日のお昼ごはんにも最適。この卵とじどんが食べたいために、なべを作る人も出てくるはず！

わりしたベースのなべ

わりしたベース1

豚とねぎたっぷりすき焼き

みんなでワイワイ

ごはんに合わせて

濃いめの甘辛味には、豚肉なら脂とうまみの強いバラ肉がおすすめ。そこに、2種のねぎと玉ねぎを、とにかくどっさり加えよう。タイプの違う甘みや辛みが、豚肉のうまみをさらに引き立ててくれる。

（作り方はp.42）

豚とねぎたっぷりすき焼き（p.40）の作り方

材料（2〜3人分）

豚バラ薄切り肉…300g
玉ねぎ…1個
ねぎ…2本
九条ねぎ…$\frac{1}{2}$束
焼きどうふ…1丁（300g）
卵…2個
わりしたベース（p.9）…適量

下ごしらえ

1 玉ねぎは縦半分に切ってから、繊維を断ち切るように5〜6等分に切る。ねぎ、九条ねぎは斜めに薄く切る。焼きどうふは8等分に切る。

2 卵はボウルに割り入れてほぐし、湯せんにかけてもったりするまで泡立てる。

煮方・食べ方

1 なべにわりしたベースを入れて火にかけ、煮立ったら具材を入れて煮て、泡立てた卵につけて食べる。

〆はこれ

甘辛うどん

こってりとした甘辛味と、太めのうどんは相性よし！ 泡立てた卵が残っていたら、それもからめながら食べよう。僕なら、一味をちょっと多いかなくらいにきかせて食べる。

笠原MEMO

目にもおいしい「生卵テク」

すき焼きにつきものといえば「生卵」。これがあるとないとでは、おいしさがまったく違う。そこで、いつもはそのままときほぐしている「生卵」のおもてなしバージョンを考案。見た目はもちろん、味わいにも変化がつくよ。会話もはずむ！

湯せん泡立て卵

生卵が苦手な外国の人のために考えたのが始まり。具材にまんべんなくからまる！(作り方p.42)

目玉焼き風メレンゲ卵

つのが立つまで泡立てた卵白に卵黄をのせる。ふわり＆とろりの舌ざわりが楽しい。(作り方p.45)

わりしたベース2

鶏肉ときのこのすき焼き

鶏肉の皮目をこんがりと焼き目がつくほど焼きつける。このひと手間で、香ばしさが増して、見た目のおいしさもアップ。具材にいろいろな種類のきのこを使うと、食感も楽しくなる。

みんなでワイワイ

ごはんに合わせて

材料（2〜3人分）

鶏もも肉…300g
ねぎ…1本
しめじ…1パック
えのきだけ…1袋
しいたけ…4個
エリンギ…1パック
卵…2個
わりしたベース（p.9）…適量

下ごしらえ

1 鉄製のフライパンを煙が出るくらいまで熱して、鶏肉の皮目をこんがりと色づくまで焼き（フッ素樹脂加工のフライパンの場合は、油少々を熱して焼く。肉面は焼かなくていい〈p.92〉）、一口大のそぎ切りにする。

2 ねぎは斜め薄切りにする。しめじは石づきを落とし、えのきは根元を落としてほぐす。しいたけは軸を落として手で裂き、エリンギも手で裂く。

3 卵は卵黄と卵白に分け、卵白をつのが立つまで泡立てて器に入れ、卵黄をのせる。

煮方・食べ方

1 なべにわりしたベースを入れて火にかけ、煮立ったら具材を入れ、卵につけて食べる。

鶏肉はよく熱したフライパンに、皮目を下にして入れる。

このくらいこんがりとするまで焼く。こうすると、余分な脂が落ち、うまみがギュッと凝縮される。しかも、香ばしい！

〆はこれ

肉＆白ごはん

すき焼きは、それ自体がおかず。だから、白いごはんを片手に、肉をつつくのもいい。ごはんは、アツアツはもちろん、少し冷めたごはんもまたオツなんだ。

わりしたベース3

牛すじすき焼き

トロトロ、ときどきプリプリ。うまみたっぷりの牛すじ肉がすき焼きに合わないわけがない！　肉を変化球にした場合は、野菜は、すき焼きのスタンダードを合わせる。このバランスも大事。

みんなでワイワイ

ごはんに合わせて

材料（2〜3人分）

- 牛すじ肉…300g
- 春菊…1/2束
- 白菜…1/8個
- しいたけ…4個
- 焼きどうふ…1丁（300g）
- しらたき…1袋
- わりしたベース（p.9）…適量
- 卵…2個

下ごしらえ

1 牛すじ肉は水からゆで、流水で洗い、一口大に切る。再び水から弱火で約1時間ゆで、水にさらしながら洗う。

2 春菊は葉をつみ（茎はみそ汁などに使う）、白菜はざく切り、しいたけは軸を落として4等分に切る。焼きどうふは8等分に切る。

3 しらたきは水からゆで、食べやすく切る。

煮方・食べ方

1 なべにわりしたベースを入れ、具材を煮て、卵をつけて食べる。

牛すじ肉は表面の色が変わる程度にゆで、流水で洗って、余分な脂やよごれを落とす。このあと一口大に切り、再び水から1時間ゆでる。

〆はこれ

おじやorコクうまうどん

ごはんを加えて煮て、うまみを吸い込ませておじやにしてもいいし、白いごはんといっしょに食べるのもいい。毎回、どちらにしようか悩むんだ。そうだ、うどんも捨てがたいんだよね……。

わりしたベース4

さばのすき焼き

魚介類をわりした風の味で煮る「魚すき」をイメージ。ほかの魚なら白身魚なども合う。とにかく鮮度のよいものを準備すること。香りのアクセントになるピーマン、だしを吸い込む油揚げが好相性。

みんなでワイワイ

ごはんに合わせて

材料（2～3人分）

さば…1尾
油揚げ…2枚
大根…200g
ピーマン…4個
玉ねぎ…1個
えのきだけ…1袋
わりしたベース（p.9）…適量

下ごしらえ

1 さばは三枚におろし、小骨をとり、一口大のそぎ切りにする。

2 油揚げは1cm幅に切る。大根は5cm長さの拍子木切りにし、ピーマンは種とへたをとって乱切りに、玉ねぎは縦半分に切り、繊維を断ち切って5～6等分に切り、えのきは根元を落としてほぐす。

煮方・食べ方

1 なべにわりしたベースを入れて火にかけ、煮立ったらさばとピーマン以外の具材を入れて煮る。火が通ったら残りの具材を入れ、煮えたものから食べる。

〆はこれ

卵とじうどん or おじや

うどんやごはんを入れて煮て、とき卵を回し入れる！　これが最高。白いごはんも食べたいときは、まずおかず感覚でごはんといっしょに、仕上げに卵とじうどん（またはおじや）、と2段階で食べるのもアリ！

なべと食べたい！
ちょっと箸休めおかず 1

梅入りのさっぱりおろしが味の決め手
なすとえびの梅おろしあえ

材料（2人分）
なす…2個
さやいんげん…4本
えび…4尾
塩…少々
揚げ油…適量
A 大根おろし…大さじ4
梅干し（種をとり、包丁でたたいたもの）…大さじ1
酢、砂糖…各大さじ1
青じそ…3枚

作り方
1 なすはへたを落とし、一口大に切る。いんげんは3等分に切る。
2 揚げ油を170度に熱し、1、えび（殻つきのまま）を順に素揚げにする。
3 えびのあら熱がとれたら殻をむく。背側から切り目を入れて背わたをとり、一口大に切り、軽く塩を振る。
4 Aをまぜ合わせ、なす、いんげん、えびをあえる。器に盛り、せん切りにした青じそをのせる。

そぼろはかけずにいっしょに煮て、手軽に仕上げる
かぼちゃねぎそぼろ煮

材料（2人分）
かぼちゃ…1/4個
鶏ひき肉…100g
ねぎ…1本
サラダ油…大さじ1
A だし…1・5カップ
しょうゆ、みりん…各大さじ1
一味とうがらし…少々

作り方
1 かぼちゃはわたと種をとり、皮をところどころむいて3㎝角に切る。ねぎはみじん切りにする。
2 フライパンに油を熱し、ひき肉をいため、ポロポロになったら1を加えていため合わせる。
3 全体が少ししんなりしたらAを加え、アルミホイルで落としぶたをして、かぼちゃがやわらかくなるまで弱火で煮る。器に盛り、一味を振る。

香ばしく焼いたれんこんが、ワンランク上のおいしさに

焼きれんこん春菊ごまあえ

材料（2人分）

れんこん…150g
春菊…1束
塩…適量
ごま油…大さじ2
A すり白ごま、しょうゆ
…各大さじ2
はちみつ…大さじ1
いり白ごま…少々

作り方

1 春菊は葉をつみ（茎はみそ汁などに使う）、さっと塩ゆでにし、氷水にさらし、水けをしっかりしぼる。

2 れんこんは1cm厚さの半月切りにする。ごま油を熱したフライパンで両面をじっくり焼き、塩少々を振る。

3 1、2を食べやすい大きさに切り、まぜ合わせたAであえる。器に盛り、ごまを振る。

塩こぶ入りの特製ディップが淡泊な味の野菜にマッチ

白菜のこぶマヨディップ

材料（2人分）

白菜の中心の部分…1/4個分
塩こぶ…15g
A マヨネーズ…大さじ4
コチュジャン…小さじ1

作り方

1 白菜は食べやすく切り、氷水に放してシャキッとさせる。

2 塩こぶはみじん切りにし、Aであえ、小鉢に入れる。

3 白菜の水けをふき、2と盛り合わせ、つけて食べる。

なべの美学1

「なべの魅力」

なべには、ルールは無用。

これは入れちゃダメでしょ！という具材もないし、そんな味は勘弁してよ！という味つけもほとんどない。好きなものを好きな味で食べていい。しかも、作る人だけがたいへんな思いをしなくていいし、できたてのアツアツをみんなで食べられるのもいい。材料を切って煮るだけ。作り方が簡単だから、初心者に作れるのもいいところ。お客さんが来たときなどおおぜいで楽しめるし、一人で楽しんでもいい。洗い物が少ないのもうれしいよね。

なべは、何から何まで自由！

でも、だからこそ、センスが問われる。どんな順番で具材を入れるか、どんな具材の組み合わせにするか。入れちゃいけないものはないけれど、おいしくするには少しだけセンスが必要。

段取り、効率、センス。

料理をするときに僕がいちばんたいせつだと思うこと。そのすべてが、なべには含まれている。だから、料理人だらけの「なべパーティー」ほどめんどうくさいものはない。それぞれが自分のセンスやこだわりを出そうとして、収拾がつかなくなるからだ（実際にそんなことが何度かあったなあ）。

とはいえ、むずかしく考える必要はない。いろいろな具材を入れれば、具材からおいしいだしが出るんだから。

第2章
もっとアレンジなべ

話題のなべや、ちょっと変わったなべなど。
この章では、僕ならではのアレンジを加えたなべを紹介する。
「おっ、どんな味かな?」と食べる人をワクワクさせる、
ひねりがきいたなべもたくさん入れてみた。

笠原流ラー油なべ

もともとは、店でまかない用に食べていた、「賛否両論」の隠れた名物。さくらえびやこぶの香りとうまみ、ラー油入りのキレのいい辛さが特徴。食べたら、ハマること確実。

みんなでワイワイ

材料(2～3人分)

- 豚バラ薄切り肉…150g
- 鶏手羽先…4本
- 白菜…1/8個
- ねぎ…1本
- しめじ…1パック
- 小松菜…1/3束
- 木綿どうふ…1丁(300g)

A
- 塩こぶ…10g
- さくらえび…10g
- にんにく…1かけ
- しょうが…10g

B
- だし…6カップ
- みそ…大さじ4
- 酒…大さじ3
- しょうゆ…大さじ2
- 砂糖、ラー油…各大さじ1
- すり白ごま…大さじ2

下ごしらえ

1 豚肉は長い場合は長さを半分に切る。手羽先は関節から先を切り落とし、縦に半分に切る(手羽中を買ってきても)。

2 白菜はざく切り、ねぎは斜め薄切り、しめじは石づきを落としてほぐし、小松菜は5cm長さに切る。とうふは8等分に切る。

3 Aはみじん切りにする。

煮方・食べ方

1 なべにA、Bを入れて火にかけ、煮立ったら具材を入れ、煮えたものから食べる。

〆はこれ

ピリ辛つけめん

中華めんを〝つけめん〟にするのが、いちばんのおすすめ。めんをスープに入れて温かくして食べるのではなく、めんをゆでて冷やし、温かいスープにつけて食べる。これがいいのだ。

梅みぞれもつなべ

もつなべのおいしさをそのままに、少しさっぱり感もプラスできたら……という発想から生まれたなべ。煮ていくほどに梅干しの味がどんどん変わっていくのも楽しい。

みんなで
ワイワイ

材料（2～3人分）

牛もつ（下ゆでしたもの）…300g
キャベツ…1/4個
にら…1/2束
しいたけ…4個
木綿どうふ…1丁（300g）
大根…300g
梅干し…6個
A
だし…6カップ
しょうゆ…大さじ4
みりん、酒…各大さじ2

下ごしらえ

1 もつは水から30分ゆで、水にさらしながら洗う。

2 キャベツはざく切り、にらは5cm長さに切り、しいたけは軸を落として半分に切る。とうふは8等分に切る。

3 大根はすりおろし、汁けをきる。

煮方・食べ方

1 なべにAを入れ、梅干し、大根おろし以外の材料を入れて火にかけ、煮立ったら梅干しを加えてさっと煮て、大根おろしをのせる。

〆はこれ

さっぱりめん

ごはんよりも、めん。しかも中華めんや細めのうどんが合うと思う。薬味は特に用意せず、七味や一味を振りかけるだけで十分。

ふわふわメレンゲ豆乳なべ

みんなでワイワイ

ふたをあけるとまっ白いメレンゲが目にとび込み、「わぁ〜！」という歓声がわき起こることまちがいなし。豆乳はだしでわると、まろやかさはそのままに、上品な味になる。

材料（2〜3人分）

豚バラ薄切り肉…300g
白菜…1/8個
ねぎ…2本
えのきだけ…1袋
木綿どうふ…1丁（300g）
豆乳（調整）…4カップ
A
- だし…1・5カップ
- 酒…1/2カップ
- 薄口しょうゆ…大さじ2

卵白…3個分
塩…適量
あらびき黒こしょう…少々

下ごしらえ

1 白菜はざく切り、ねぎは斜め薄切り、えのきは根元を落としてほぐす。とうふは8等分に切る。豚肉は食べやすく切る。

煮方・食べ方

1 なべに白菜、ねぎ、えのき、Aを入れて火にかけ、煮立ったら豚肉を加えて、弱火で5分煮る。

2 豆乳、とうふを加え、再び煮立ったら、塩、黒こしょうで味をととのえる。

3 卵白を泡立ててメレンゲ状にし、塩少々を加え、2のなべの表面をおおうようにしてのせ、ふたをする。少し固まるまで2〜3分煮てから、ふたをあける。

卵白をつのが立つくらいまで泡立て、なべの表面をおおうようにのせる。

〆はこれ

豆乳うどん

うどんを入れると、韓国のうどん「コングクス」のようなやさしい味わいが楽しめる。うどんの太さはお好みで。クリーミーでまろやかな味わいで、心も体もほっこりするはず。

カレー水炊き

イメージしたのは、そば屋のカレーうどん。
どこか懐かしい、和風だしがきいたあの味だ。
うまみ出しと、水炊き風にするねらいで、手羽先を加えよう。

みんなでワイワイ
ごはんに合わせて
ひとりなべ

（作り方はp.62）

トマトたらちり

和風だしとトマトは、実は相性のいい組み合わせ。
トマトの酸味がアクセントになり、おなじみのたらちりが新鮮な味になる。
たらは煮すぎず、プリッとするくらいが食感もベスト。

みんなでワイワイ

すぐできる

ひとりなべ

（作り方はp.63）

カレー水炊き（p.60）の作り方

材料（2〜3人分）

鶏もも肉…300g
鶏手羽先…4本
じゃがいも（メークイン）…2個
にんじん…½本
ねぎ…2本
えのきだけ…1袋

A
だし…6カップ
しょうゆ…大さじ4
みりん…大さじ3
カレー粉…大さじ2
砂糖…大さじ1
バター…15g

下ごしらえ

1 鶏肉は余分な脂や筋をとり、一口大に切る。手羽先は関節から先を切り落とし、縦半分に切る（手羽中を買ってきても）。

2 じゃがいもは一口大の乱切りにし、にんじんは1cm厚さの輪切り、ねぎは斜め薄切りに、えのきは根元を落としてほぐす。

煮方・食べ方

1 なべにAを入れて火にかけ、煮立ったら具材を入れて煮る。じゃがいもとにんじんに火が通ったら、食べる。

〆はこれ

チーズリゾット風

おすすめは、カレーチーズおじや。ごはんを加えて好みのかげんに煮たら、とけるチーズをのせ、とろりとしてきたら食べごろ。仕上げにあらびき黒こしょうを一振り。

トマトたらちり（p.61）の作り方

材料（2〜3人分）

生たら…4切れ
トマト…3個
白菜…1/8個
ねぎ…1本
しめじ…1パック
春菊…1/2束
A　だし…6カップ
　　薄口しょうゆ、みりん…各50mℓ
あらびき黒こしょう…少々

下ごしらえ

1 たらは一口大に切り、霜降りにし（p.90）、水けをふく。

2 トマトはくし形切り、白菜はざく切り、ねぎは斜め薄切りに、しめじは根元を落としてほぐす。春菊は葉をつむ（茎はみそ汁などに使う）。

煮方・食べ方

1 なべにA、具材を入れて火にかけ、煮立ったら弱火にし、具材に火が通ったら、黒こしょうを振る。

〆はこれ

トマトスープスパ

パスタを手で半分に折って、そのままなべにぶっ込み、スープの中でゆでる。だから手間もかからない。なべのあとのパスタ、という意外性がウケると思うよ。

野菜だけしゃぶしゃぶ

野菜それぞれのうまみと香り、それに多彩な歯ごたえに驚く。おいしさを左右するのは、素材の切り方と入れる順番！塩とごま油のたれも、素材の味をぐぐっと引き立てる。

みんなでワイワイ

ごはんに合わせて

材料（2〜3人分）

大根…200g
にんじん…½本
レタス…1個
ルッコラ…1パック
黄にら…1束
貝割れ菜…1パック
豆もやし…100g
ごぼう…100g
玉ねぎ…½個
しいたけ…4個
エリンギ…2本
A だし…6カップ
　薄口しょうゆ、みりん…各60mℓ
塩、ごま油（各好みで）……各少々

下ごしらえ

1 大根、にんじんはピーラーで薄くむく。レタス、ルッコラはざく切り、黄にらは5cm長さに切り、貝割れ菜は根元を落とす。

2 ごぼうは皮をこそげてささがきにし、玉ねぎはくし形切り、しいたけは軸を落として半分に切り、エリンギは手で裂く。

煮方・食べ方

1 なべにA、ごぼう、玉ねぎ、しいたけ、エリンギを入れて火にかけ、煮立ったら弱火にする。残りの野菜を加えてさっと煮ながら、好みで塩とごま油をつけて食べる。

〆はこれ

野菜のスープごはん

ごぼうやしいたけの滋味深いうまみの出たスープを、ごはんにかけて汁かけごはんにしよう。うどんを入れる場合は煮込みすぎず、軽めに温める程度がおいしいと思う。

かす汁なべ

みんなで
ワイワイ

くせの強い酒かすには、甘みのある白みそを合わせるとおいしい。とてもクリーミーになり、食べやすくなること請け合い。歯ごたえが楽しいこんにゃくとかす汁との相性も、ぜひ試してほしい。

材料（2〜3人分）

- ぶり…3切れ
- 大根…200g
- にんじん…$\frac{1}{2}$本
- 里いも…4個
- ごぼう…100g
- 水菜…$\frac{1}{3}$束
- こんにゃく…1枚
- 厚揚げ…1枚
- A
  - だし…6カップ
  - 酒かす…200g
  - 白みそ…100g
  - みりん、しょうゆ…各大さじ2

下ごしらえ

1 ぶりは一口大に切り、霜降りにし（p.90）、水けをふく。

2 大根、にんじん、里いもは一口大に切る。ごぼうは乱切りに、水菜は5cm長さに切る。

3 こんにゃくは一口大に切り、水からゆでてくさみを抜く。厚揚げは熱湯をかけて油抜きし、一口大に切る。

煮方・食べ方

1 なべにAを入れて火にかけ、煮立ったら具材を入れて煮る。煮えたものから食べる。

酒かすはだしでしっかりといてから使う。万能こし器などに入れ、だしにつけながら泡立て器などでまぜるととけやすい。ミキサーを使用すると、さらに手早くできる。

〆はこれ

ぞう煮風スープ

もちを入れると、関西風のぞう煮のよう。そのまま入れてやわらかく煮てもいいけれど、僕はこんがり焼いたもちにスープをかけて食べるのが好き。

黒ごま担担なべ

辛くてコクのある担担めんを少しマイルドにし、子どももいっしょに食べられるようアレンジ。仕上げに「これでもか」というくらい黒ごまを振り、香りよく。

みんなでワイワイ

すぐできる

ひとりなべ

（作り方はp.70）

カキと豚肉のレモンなべ

レモンをしぼり汁と具材の両方に使った、さわやかなべ。
レモンを煮すぎると苦みが出るので、煮すぎないことが肝心。
具材は、レモンをしぼりかける「カキのベーコン巻き」がヒント。

みんなでワイワイ

(作り方はp.71)

黒ごま担担なべ（p.68）の作り方

材料（2〜3人分）

豚バラ薄切り肉…300g
キャベツ…$\frac{1}{4}$個
チンゲンサイ…1束
玉ねぎ…1個
しいたけ…4個
にんにく…2かけ
木綿どうふ…1丁（300g）

A
だし…6カップ
みそ、しょうゆ…各大さじ3
コチュジャン、みりん、ごま油…各大さじ2
砂糖…大さじ1

すり黒ごま…大さじ3

下ごしらえ

1 キャベツ、チンゲンサイはざく切りに、玉ねぎはくし形切りに、しいたけは軸を落として半分に切る。にんにくは薄切りにする。とうふは8等分に切る。豚肉は食べやすく切る。

煮方・食べ方

1 なべにAを入れて火にかけ、煮立ったら具材を入れて煮る。具材に火が通ったら、黒ごまを振る。

〆はこれ

担担うどん

うどんを入れたら、担担めんのうどんバージョンが完成。万能ねぎの小口切り、黒ごまをさらにプラスするとアクセントになる。辛み、甘み、うまみの三拍子そろったスープはくせになる！

カキと豚肉のレモンなべ（p.69）の作り方

材料（2〜3人分）

カキ（むき身）…12個
豚バラ薄切り肉…200g
レモン（国産）…2個
白菜…1/8個
ねぎ…1本
水菜…1/3束
えのきだけ…1袋
A｜だし…6カップ
　｜薄口しょうゆ、みりん…各70mℓ
あらびき黒こしょう…少々

下ごしらえ

1 カキはボウルに入れた冷水でやさしく洗い（p.90）、水けをふく。豚肉は食べやすく切る。

2 レモン1個は果汁をしぼり、残りの1個は皮をきれいに洗って、薄い半月切りにする。

3 白菜はざく切り、ねぎは斜め薄切り、水菜は5㎝長さに切り、えのきは根元を落としてほぐす。

煮方・食べ方

1 なべにA、白菜、ねぎ、水菜、えのきを入れて火にかけ、煮立ったら残りの具材を入れ、黒こしょうを振る。さっと煮たくらいで食べる。

〆はこれ

さっぱりレモンにゅうめん

カキと豚バラ肉のうまみ、そこにレモンのさっぱり感とほんの少しの苦みがあるあっさりスープには、断然そうめんや細めのめんが合う！

大人のおでん

みんなでワイワイ

ごちそう

ごはんに合わせて

「えびしんじょう」や
「管《くだ》ごぼう」など……、
日本料理のわざを使った、
ひと手間加えたたねを入れると、
おでんがぐんと
ごちそうメニューになる。

材料（2～3人分）

管《くだ》ごぼうの肉詰め

ごぼう…（太めのもの）200g
鶏ひき肉…100g
ねぎのみじん切り…$\frac{1}{3}$本分
A かたくり粉…小さじ1
　しょうゆ、砂糖…各小さじ1

きんちゃくチーズ卵

油揚げ…3枚
卵…6個
ピザ用チーズ…30g
万能ねぎ…6本

えびしんじょうしいたけ

えび…100g
はんぺん…50g
B 塩…1つまみ
　サラダ油…小さじ1
　かたくり粉…大さじ2
しいたけ…大6個
かたくり粉…適量

ゆでだこ…100g
ちくわ…4本
ウインナソーセージ…4本
かぶ…4個
こんにゃく…100g
だし…9カップ
薄口しょうゆ、みりん…各90mℓ

下ごしらえ

管ごぼう（下記参照）

1 ごぼうは5cm長さに切り、水からゆでてやわらかくする。中心部分を金ぐしでくりぬいて管状にする。

2 ひき肉にねぎ、Aを加えてねりまぜ、1に詰める（くりぬいたものはいっしょに煮てもいいし、きんぴらなどに使っても）。

きんちゃくチーズ卵

1 油揚げは半分に切り、菜箸を転がして袋状に開く。

2 袋にチーズの$\frac{1}{6}$量を入れ、卵1個を割り入れ、さっとゆでた万能ねぎで口を結ぶ。計6個作る。

えびしんじょうしいたけ

1 えびは殻と尾、背わたをとり、包丁でたたいてミンチ状にする。はんぺんはポリ袋に入れ、手でもんでこまかくつぶす。えび、はんぺんにBを加えてねりまぜる。

2 しいたけは軸を落とし、笠の裏側にかたくり粉をまぶし、1を詰める。

その他

1 たこは一口大に切り、竹ぐしに刺す。ちくわ、ウインナは一口大に切り、交互に竹ぐしに刺す。

2 かぶは4等分のくし形に切る。こんにゃくは1cm厚さに切り、中央に切り込みを入れ、片方を通して手綱《たづな》こんにゃくを作り、下ゆでする。

煮方・食べ方

1 なべにだしと薄口しょうゆ、みりんを入れ、煮立ったらいったん火を止めて具材を入れ、再び火をつけて、煮えたものから食べる。

管《くだ》ごぼうの作り方

1

ゆでたごぼうの切り口の色の変わっているところ（外側から1mmくらい）に金ぐしをぐるりと刺す（反対側からも刺し、貫通させる）。

2

中心部分を抜く。

3

管（抜いた穴）に肉だねを詰める。箸などで少しずつ押し込むように詰める（ケーキ用のしぼり出し袋を使うと早い）。

4

でき上がり。

〆はこれ

大人の茶めし

たまに行く銀座のおでん屋さんをまねて、おでんを楽しんだあとにごはんに汁をかけて食べたら、うまいのなんの！ 黒こしょうを多めに振ると、味が引き締まってよりグッド。

なべと食べたい!

ちょっと箸休めおかず 2

ねっとりと濃厚になった卵黄が、とうふとベストマッチ

香りしょうゆ漬け卵黄のせ冷ややっこ

材料（2人分）

絹ごしどうふ…1丁（300g）
卵黄…2個分
A
しょうゆ…150㎖
みりん…½カップ
しょうが…10g
にんにく…1かけ
七味とうがらし…小さじ1
貝割れ菜…⅓パック
万能ねぎ…5本

作り方

1 Aのしょうが、にんにくは薄切りにし、残りをまぜ合わせる。

2 卵黄をこわさないようにして1に加えて漬け、冷蔵庫で半日ほどおく。

3 貝割れ菜は根元を落として長さを半分に切り、万能ねぎは小口切りにする。

4 とうふを一口大に切って器に盛り、3を添え、2をのせる。

ちぎってあえるだけで、はんぺんがりっぱな小鉢に

ねぎのりわさびはんぺん

材料（2人分）

はんぺん…1枚
焼きのり…1枚
ねぎ…½本
A
しょうゆ、ごま油…各大さじ1
ねりわさび…小さじ½

作り方

1 はんぺんは手で一口大にちぎる。のりもちぎる。

2 ねぎは斜め薄切りにし、水にさらしてシャキッとさせ、水けをよくふく。

3 Aをまぜ合わせ、1、2をあえる。

ポテトサラダの秋味バージョン

きのこポテサラ

材料（2人分）

じゃがいも…2個
しめじ…1パック
えのきだけ…1袋
玉ねぎ…1/2個
サラダ油…大さじ1
塩…適量
A 酢…小さじ1
　砂糖…小さじ1/2
　塩…1つまみ
B マヨネーズ…大さじ3
　牛乳…大さじ1
　ねりがらし…小さじ1/3
万能ねぎの小口切り…5本分
あらびき黒こしょう…少々

作り方

1 しめじは石づきを落とし、えのきは根元を落とし、ほぐす。玉ねぎは薄切りにする。
2 フライパンに油を熱して1を入れ、塩少々を振ってしんなりするまでいため、冷ます。
3 じゃがいもは一口大に切り、塩少々を加えた水からゆでる。やわらかくなったら湯を捨て、水分をとばすように加熱する（粉ふきいもの要領で）。じゃがいもが熱いうちにAで下味をつける。
4 Bをまぜ合わせ、2、3を加えてさっくりとあえる。器に盛り、万能ねぎと黒こしょうを振る。

みそ味に仕上げたみょうががソースがわり

トマトみょうがみそあえ

材料（2人分）

トマト…1個
みょうが…3個
A みそ、ごま油…各大さじ1
　砂糖…小さじ1
いり白ごま…少々

作り方

1 みょうがは縦に薄切りにし、まぜ合わせたAであえる。
2 トマトは一口大に切る。
3 器に2を盛って、1をのせ、ごまを振る。

なべの美学2

「なべの煮えばな」

なべは、下ごしらえをした具材を煮るだけの簡単な料理。煮るだけだからこそ、煮方にもちょっとしたコツがある。コツというより、食べるタイミングといったほうがいいだろうか。

具材は「煮えばな」がいちばんおいしい。みそ汁の「煮えばな」とは、煮立つ瞬間のこと。なべの場合は、ちょうどいいぐあいに煮えたところと思ってほしい。だから、煮えている具がなべの中に残っているのに、次から次へと具材を足していくのはおすすめしない。食べごろの具材がくたくたになりすぎてしまうし、ちょうどおいしく煮た具材と、入れたばかりの具材が混在してしまうから。

お正月は毎年、カミさんの実家で迎えることが多い。そんなとき、カミさんのお母さんがなべを作ってくれるのだが……。カミさんのお母さんは「どんどん、食べなさ〜い」とばかりに、なべの中にまだたくさんの具材が残っているにもかかわらず、次から次へと具材を足す。最初はがまんしていた僕も、耐えきれずに声を発していた。

「お義母《かあ》さん、それ、まだ入れないでください！」

なんてこまかいムコだと思われたことだろう。でも、だから言ったでしょ。料理人となべをすることほどめんどうくさいことはないって（p.52）。

なべはとっても簡単な料理。でも、だからこそ、下ごしらえだけはきちんとすること。そして「煮えばな」をのがさないこと。この2つがとても大事。

第3章

主食なべ

具材から出ただしの相乗効果で、なべのスープはことのほかうまい。
そこで、そのおいしさを余すことなく食するために、
最初から主食を入れたなべを考えた。
〆のごはんまで待てない人は、ぜひこのなべを！

鶏肉と根菜のおかゆなべ

鶏を1羽まるごと使う韓国料理「サムゲタン」を、簡単にアレンジ。
こぶと鶏のダブルだしを十分に吸い込んだ米、
その自然なとろみが、体をしんから温めてくれる。

ひとりなべ

みんなでワイワイ

材料（2〜3人分）

- 米…180㎖（1合）
- 鶏手羽先…6本
- 大根…100g
- れんこん…80g
- にんじん…50g
- 里いも…2個
- A
  - 水…6カップ
  - 酒…½カップ
  - 薄口しょうゆ…大さじ2
- こぶ（だし用）…3g
- 塩…少々
- 万能ねぎの小口切り…適量
- しょうがのせん切り…20g

下ごしらえ

1 米は洗い、ざるに上げる。

2 手羽先は関節から先を切り落とし、縦に半分に切る（手羽中を買ってきても）。

3 大根、れんこん、にんじん、里いもはそれぞれ一口大に切る。

煮方・食べ方

1 なべに具材とA、こぶを入れて火にかけ、煮立ったらふたをして弱火で40分ほど煮て、塩で味をととのえる。万能ねぎ、しょうがを入れて食べる。

あさりうどんなべ

このなべのだいご味は、あさりのうまみが十分出たスープ。あさりの身は火を通しすぎるとかたくなるので、殻があいたばかりのぷっくりした瞬間を見のがさないのがコツ。

ひとりなべ

材料（2～3人分）

ゆでうどん…1玉
あさり…300g
しめじ…1パック
三つ葉…1束
ねぎ…1本
A
水…6カップ
こぶ（だし用）…3g
薄口しょうゆ…大さじ3
みりん…大さじ2

下ごしらえ

1 あさりは塩水につけて砂出しし、殻をこすり合わせて洗う。

2 うどんは7～8cm長さに切る。

3 しめじは石づきを落としてほぐし、三つ葉は5cm長さに切る。ねぎは斜め薄切りにする。

煮方・食べ方

1 なべにあさり、Aを入れて火にかけ、煮立ったらアクをとり、弱火にする。

2 うどん、野菜を加え、さっと煮て食べる。

鶏つくねだまっこなべ

だまっことは、ごはんをつぶして丸めたもののこと。きりたんぽ風にこんがりと焼いて入れるのが笠原流。ふわふわの鶏つくねとのコンビで、子どものウケもいいなべに昇格。

みんなで
ワイワイ

材料（2〜3人分）

だまっこ

ごはん…300g
塩…少々

鶏つくね

鶏ひき肉…300g
玉ねぎ…300g
A 卵…1/2個分
砂糖、しょうゆ、コーンスターチ…各大さじ1
塩…1つまみ

白菜…1/8個
ねぎ…1本
えのきだけ…1袋
水菜…1/3束
B 水…6カップ
こぶ（だし用）…3g
しょうゆ、みりん…各大さじ3

下ごしらえ

1 鶏つくねを作る。玉ねぎはすりおろし、汁けをしっかりしぼる。ひき肉、Aとよくねりまぜる。

2 白菜はざく切り、ねぎは斜め薄切り、えのきは根元を落としてほぐす。水菜は5cm長さに切る。

3 だまっこを作る。ごはんをすりこ木などでつぶし、塩を加えて一口大に丸める。フライパンに油を引かずに並べ、こんがりと焼き目をつける。

煮方・食べ方

1 なべにBを入れて火にかけ、煮立ったらつくねのたねを丸めて入れ、煮る（p.23）。

2 つくねに火が通ったら野菜を加えて煮て、だまっこを加え、さっと煮る。

もちきんちゃくなべ

いつもはわき役のもちきんちゃくを主役に大抜擢！
一口かじると、油揚げにしみ込んだだしがジュワ〜ッ。
同時にもちもち〜。甘めのスープがとにかくよく合う。

ひとりなべ

みんなでワイワイ

材料（3人分）

もちきんちゃく
- もち…3個
- 油揚げ…3枚
- 万能ねぎ…6本

豚バラ薄切り肉…150g
しいたけ…3個
小松菜…1/2束

A
- だし…6カップ
- しょうゆ、みりん…各40mℓ
- 砂糖…大さじ1

一味とうがらし…少々

下ごしらえ

1 もちきんちゃくを作る。万能ねぎはさっとゆでる。油揚げは半分に切り、菜箸を転がして袋に開く。もちを半分に切り、油揚げの中に入れ、万能ねぎで口を結ぶ。

2 しいたけは軸を落として4等分に切り、小松菜はざく切りにする。豚肉は食べやすく切る。

煮方・食べ方

1 なべにAを入れて火にかけ、煮立ったら具材を入れて煮る。もちきんちゃくがやわらかくなったら、一味を好みの量振って食べる。

鶏煮込みスープラーメンなべ

鶏肉とこぶのダブルスープのラーメンといったところ。おいしさの秘密は、強火でグラグラ煮立たせながら煮ること。見た目のユニークな「鳴門」は、ぜひ入れてほしい。

材料（2〜3人分）

中華蒸しめん…1玉
鶏もも骨つき肉…300g
玉ねぎ…½個
鳴門巻き…1本
もやし…100g
木綿どうふ…1丁（300g）
A
- 水…6カップ
- こぶ（だし用）…3g
- 薄口しょうゆ…大さじ1
- 酒…½カップ
- 塩…小さじ1

万能ねぎの小口切り…少々
ごま油…大さじ1
あらびき黒こしょう…少々

下ごしらえ

1 とうふは8等分に切り、玉ねぎは薄切りにし、鳴門巻きは斜め薄切りにする。

煮方・食べ方

1 なべに鶏肉、玉ねぎ、Aを入れて強火にかけ、30分ほど煮る。途中水分がなくなったら足す。

2 めんを加えて煮込み、鳴門巻き、とうふ、もやしを入れてさっと煮る。

3 万能ねぎを散らし、ごま油をたらし、黒こしょうを振る。

B あらびき黒こしょう
D ポン酢しょうゆ
A 粉ざんしょう
C 塩わさびごま油
F もみじおろし
E 万能ねぎのみじん切り
G ねりがらし
H 一味とうがらし

なべの薬味&トッピング

薬味やトッピングで味に変化をつけると、なべがより楽しくなる。
いくつか用意し、なべをさらに楽しくしよう。

A
粉ざんしょう

鴨肉など脂ののった具材をさっぱりと食べたいときに。いわしなどのくさみのあるなべにも合う。

B
あらびき黒こしょう

こってりとしたみそ味のなべや、脂ののっている鴨肉や豚バラ肉などのなべに。洋風のなべにもぴったり。

C
塩わさびごま油

海鮮しゃぶしゃぶ、野菜しゃぶしゃぶなどに。湯どうふにも。

D
ポン酢しょうゆ

塩味のなべや、しょうゆ味のなべに。

E
万能ねぎのみじん切り

寄せなべや塩ちゃんこ、おかゆなべなど、あらゆるなべに。

F
もみじおろし

寄せなべなどのしょうゆ味のなべに抜群に合う。

G
ねりがらし

豚角煮と揚げなすのなべ（p.38）のように、こってりとしたみそ味のなべなどに。もちろん、おでんにも！

H
一味とうがらし

しょうゆ味やみそ味のなべに。こってりみそ味に振ると、キリッとした辛みがアクセントになる。

素材の下ごしらえカタログ

なべは具材を煮さえすれば、完成の料理。だからこそ、素材の下ごしらえはていねいにしたいもの。このひと手間で、素材の雑味が消え、なべがワンランクもツーランクもおいしくなる。

魚介編

切り身魚の霜降り（ぶり、たい、鮭、たらなど）

1

切り身魚を食べやすい大きさに切り、熱湯に入れる。

2

表面の色が白くなったら、網じゃくしなどでとり出し、冷水につける。よごれやうろこ、余分な脂がとれる。

カキを洗う

ボウルに水を入れ、手でやさしく振り洗いし、殻などを除く。

カキの下ゆで

※つるんとした口当たりにしたい場合

1

洗ったカキにかたくり粉をまぶして、熱湯でさっとゆでる。

2

冷水にとり、水けをよくふく。

えびの背わたをとる

1

殻がついたまま、背に斜めに切り目を入れる。斜めに入れるのは、背わたを片側だけにつけて、とりやすくするため。

2

背わたがついている側から、背わたをかき出す。このあと、殻をとる。

かにを食べやすく切る

1

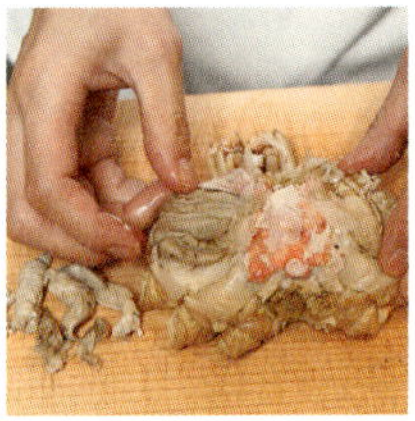

足をキッチンバサミなどで切り離し、腹側の三角の部分（前かけ）をはずし、呼吸器＝ガニ（茶色の部分）を除く。

2

甲らをはずす。

3

半分に切る。

4

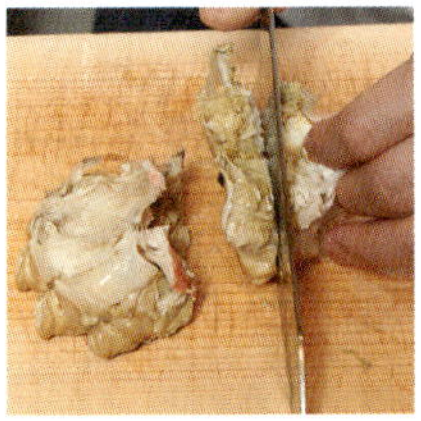

厚みを半分に切る。

5

足の関節を折って軟骨を抜く。

6

足の太い部分は裏側（白い部分）の殻をそぎ落とす。

7

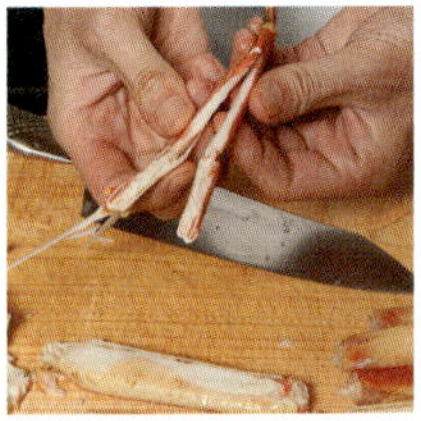

足の細い部分は、裏側から縦半分に切る。

8

つめの部分は、縦半分に切る。かたい部分には包丁の刃元を使うといい。

いわしの手開き

1

頭を落とす。腹側の肛門部分から両手の親指を入れ、骨の上を左右にすべらせて開く。

2

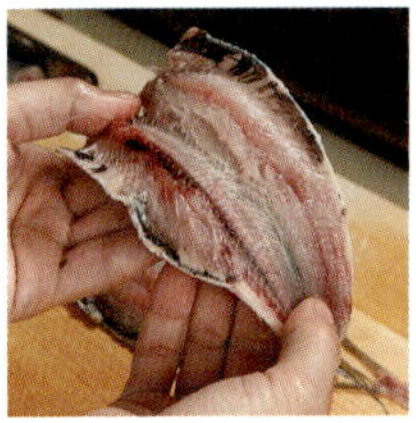

開いた状態。

3

反対側からも同様に両手の親指を入れて、骨の上ですべらせて左右に開く。

4

頭のほうから尾に向けて骨をとる。

5

両側の腹骨をそぎとる。

はまぐり・あさりのなべの場合

砂出し（海水よりやや薄めの塩水に、2〜3時間つける）し、殻と殻をこすり合わせて洗う。なべに水から入れて煮出すと、エキスが十分出る。

肉編

鶏もも肉などの霜降り
（脂の多い肉）

※汁をにごらせず、さっぱり味わいたいとき

1

余分な脂と筋をとって食べやすい大きさに切り、熱湯に入れる。

2

表面の色が白くなったら、網じゃくしなどでとり出し、冷水にさらす。よごれや余分な脂がとれる。

※肉と魚介を入れるなべの場合は、魚介→肉の順に熱湯に入れ、冷水にさらす。

鶏肉を焼きつける

※濃いめの味つけにする場合

1

煙が出るほど熱した鉄製のフライパンで、鶏肉を皮目から強火で焼きつける（フッ素樹脂加工のフライパンの場合は、少量の油を熱して）。

2

このくらいの焼き色がついたらとり出す。

豚バラかたまり肉の下ゆで

※角煮のように3㎝角くらいで使用したい場合

3㎝角に切り、水から1時間、アクをとりながらゆでる。流水で洗って余分な脂を落とし、水けをよくふく。

牛すじ肉・もつの下ゆで

1

表面の色が変わる程度に水からゆで、流水で洗って余分な脂やよごれを落とす。

2

一口大に切り、再び水からゆでる。牛すじ肉は弱火で約1時間、もつは約30分ゆでる。

※下ゆでしてあるものを使用する場合はこの工程だけ行う。

鴨肉を焼きつける

1

余分な脂を切り落とす。

2

肉の側の膜（白い部分）はかたいので、こそげとる（この状態で売っていることも多い）。

3

両面に軽く塩を振る。

4

油を引かないフライパンで皮目を下にして焼きつける。

5

途中出てきた脂をキッチンペーパーでふきとる。

6

このくらいこんがりと焼き目がついたら返す。肉面は色が変わる程度にさっと焼く。

7

そぎ切りにする。

つみれを作る

※肉のつみれのほか、いわしやほたてなど魚介のつみれも同様

1

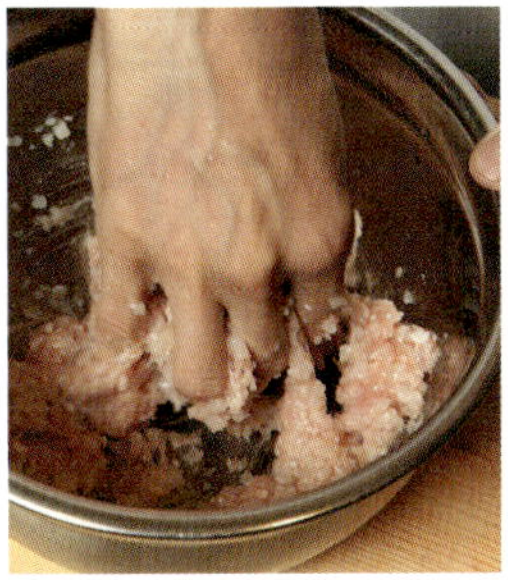

つみれのたねをねりまぜる。

2

片方の手でつみれのたねを握り、親指と人さし指の間から丸くしぼり出し、スプーンでとる。

3

煮立ったスープにつみれを落とす。

おわりに

僕の家は焼き鳥屋をやっていたから、家族でなべを囲むということは、そんなに多くなかった。

でも、店の常連客を呼んでの忘年会、親父のクラス会などで、親父が準備したなべをおおぜいで食べたことが楽しい記憶として残っている。

みんなで囲むなべは、バツグンにおいしかったなあ。

常連客の中に〝なべ奉行〟がいて、僕たちにあれこれ指示を出す。

「もう、これ、食べごろだよ！」

「お、ちょっと待って。まだ、それ入れないで!!」

〆の雑炊にもなべ奉行のおじさんなりのこだわりがあって、いろいろな具材から出たうまみたっぷりのだしにごはんを入れて卵でとじたあと、つけだれ――ポン酢しょうゆだったと思う――をほんのちょっと、たらす。

「こうして食べると、おいしいんだ。マー君もやってごらん」

おじさんはどこか得意げで、顔全体から「うれしさ」がにじみ出ていた。

「なべの思い出は？」と聞かれるたびに、毎年のように行われるこのなべ大会（！）の楽しい光景がよみがえり、僕は温かい気持ちになる。

なべは、体だけでなく、心も温めてくれる。

楽しいことがあった日やうれしいことがあったときはもちろん、ちょっと泣きたいことがあった日にも、なべ料理を作ろう！

食べているうちに、きっと元気が出てくるよ。僕が保証します。

笠原将弘

STAFF

料理　笠原将弘
デザイン　細山田光宣、蓮尾真沙子（細山田デザイン事務所）
撮影　原ヒデトシ
スタイリング　遠藤文香
取材・文　飯村いずみ
編集　北川編子
編集デスク　木村晶子（主婦の友社）

笠《かさ》原《はら》将《まさ》弘《ひろ》の やみつき 極《ごく》上《じょう》なべ

著者　笠原将弘

発行者　矢﨑謙三

発行所　株式会社主婦の友社
〒101-8911　東京都千代田区神田駿河台2-9
電話　03-5280-7537（編集）
03-5280-7551（販売）

印刷所　大日本印刷株式会社

●本書の内容に関するお問い合わせ、また、印刷・製本など製造上の不良がございましたら、主婦の友社（☎03-5280-7537）にご連絡ください。
●主婦の友社が発行する書籍・ムックのご注文は、お近くの書店か主婦の友社コールセンター（☎0120-916-892）まで。
※お問い合わせ受付時間　月～金（祝日を除く）9:30～17:30
主婦の友社ホームページ　http://www.shufunotomo.co.jp/

ISBN978-4-07-291374-1

つ-123108

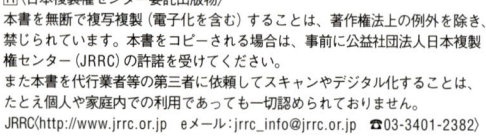

笠原将弘
（かさはら・まさひろ）

東京・恵比寿にある日本料理店『賛否両論』店主。『正月屋吉兆』で9年修業したあと、実家の焼き鳥屋『とり将』を継ぎ、2004年に『賛否両論』を開店。あっという間に予約のとれない人気店になる。テレビの料理コーナーや料理教室で活躍するほか、2013年9月には名古屋に2店目となる「賛否両論」名古屋店がオープン。活躍の場をさらに広げている。現在、日本料理界で最も期待されている料理人。

賛否両論《さんぴりょうろん》

東京都渋谷区恵比寿2-14-4
太田ビル1F
☎03-3440-5572
http://www.sanpi-ryoron.com/